AF138810

Ralph Billmann

Die Deutsche Bibliothek verzeichnet diese Publikation
in der Deutschen Nationalbibliographie;
detaillierte bibliographische Daten sind
im Internet unter http://dnb.ddb.de abrufbar.

1. Auflage
© 2015 Ralph Billmann, Berlin
Alle Rechte vorbehalten
Text, Bilder Umschlaggestaltung: Ralph Billmann
Layout: Uwe Danisch
Herstellung und Verlag: BoD - Books on Demand, Norderstedt
Printed in Germany

ISBN 9783738639568

Ralph Billmann

. . . und geschlüsselt

Siedlerschlüssel

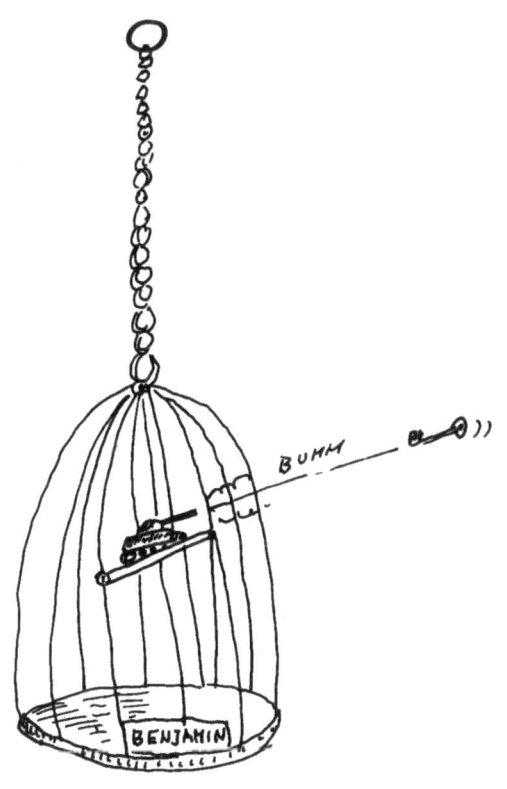

BUMM

Hartz IV Schlüssel

- Anmerkung (2010) -

Westerwelle (FDP) warnt vor
Vollversorgerstaat
und predigt das Leistungsprinzip:

Zitat:

**Wer dem Volk
anstrengungslosen Wohlstand verspreche,
lade zu
„spätrömischer Dekadenz"
ein.**

Ein Mann, kein Wort
oder
ein Mann, ein Schlüssel

MENSCH, NEHMEN SIE SICH
ZUSAMMEN...SIE...
SIE **SCHLÜSSEL** SIE!!!

Vielzweckschlüssel
für Waldarbeiter und Frisöre

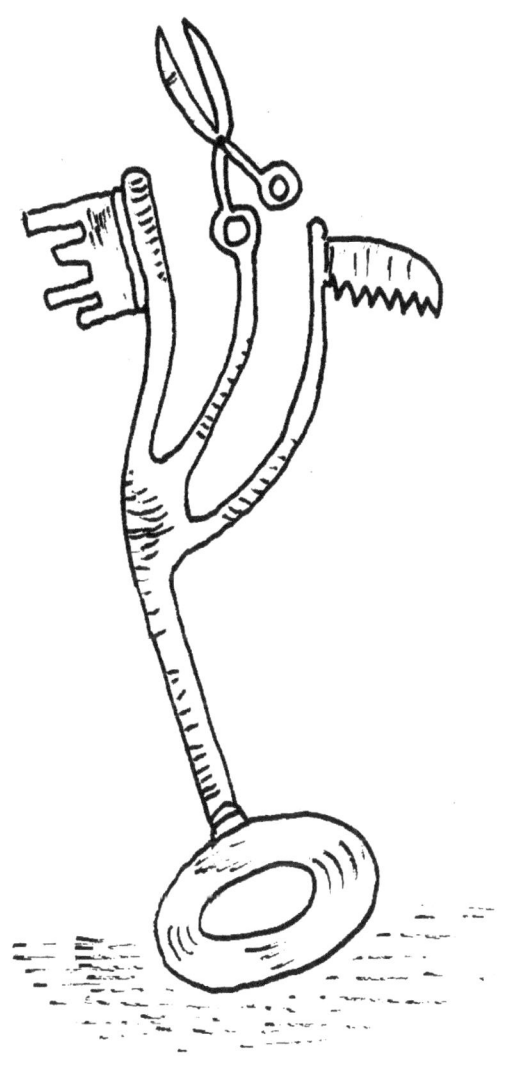

*Guantanamoschlüssel

Der Innenminister weigert sich, Gefangene aus Guantánamo aufzunehmen.

US-Präsident Obama will Guantánamo schließen, Schäuble aber keine Häftlinge aufnehmen.

**Grexitschlüssel

*(2007) Schäuble als Innenminister

**(2015) Schäuble als Finanzminister

Visionärschlüssel

Visionär-Schlüsselburger

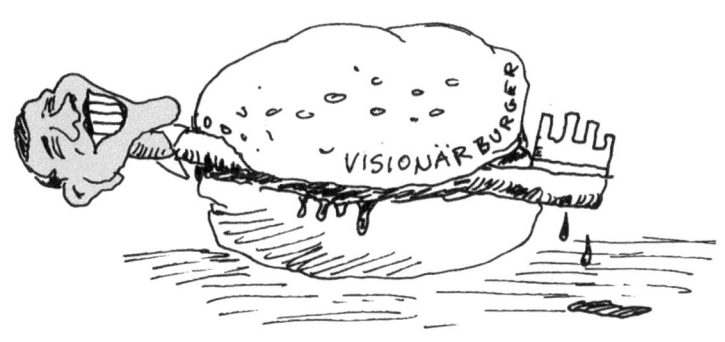

VISIONÄRBURGER

Generalschlüssel

US-Generalschließanlage

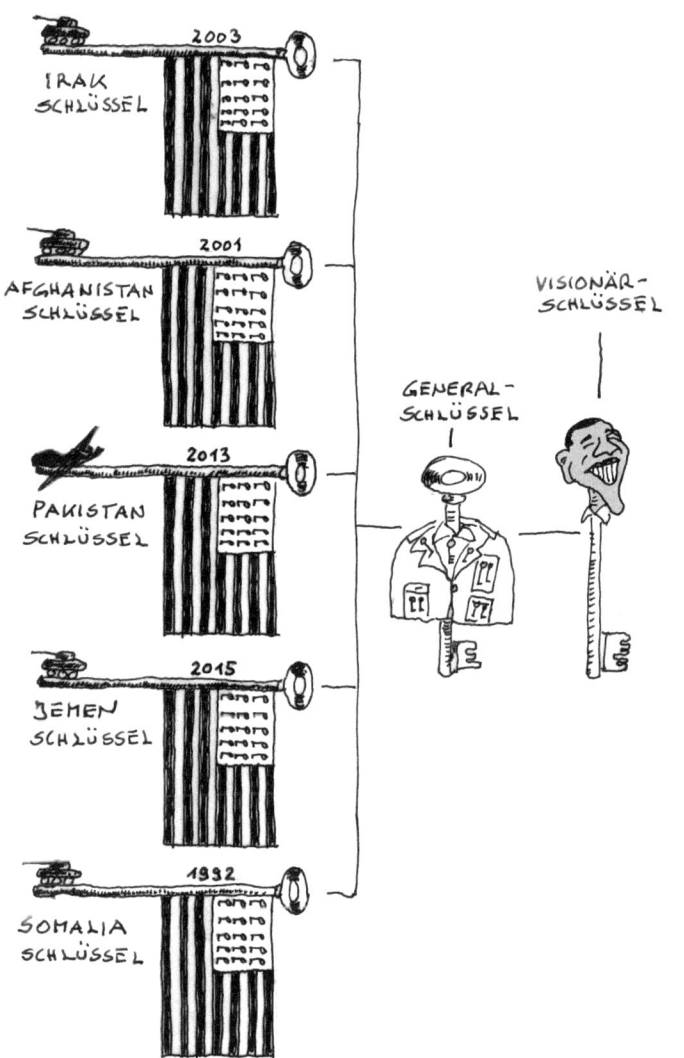

23

Schlüssel regiert die Welt

oder

wo ein Schlüssel ist,
ist auch ein Weg.

Italienischer Schlüssel

oder

Bedarfsgesetzschlüssel (Immunitätsschlüssel)

27

Wo ein Wille ist,
ist auch ein Schlüssel.

Wenn man dem Schlüssel
den kleinen Finger gibt,
nimmt er die ganze Hand.

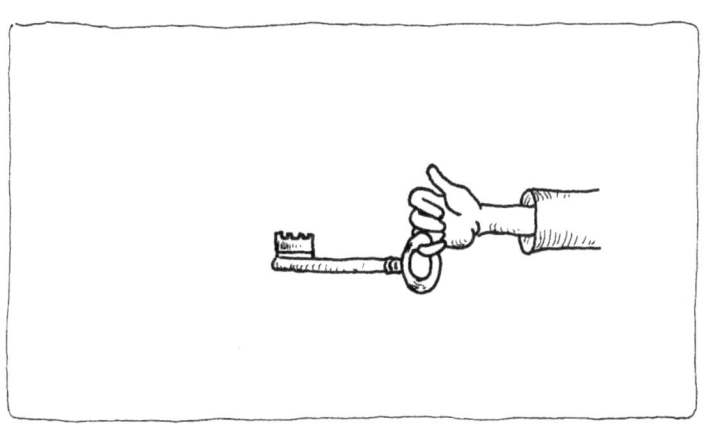

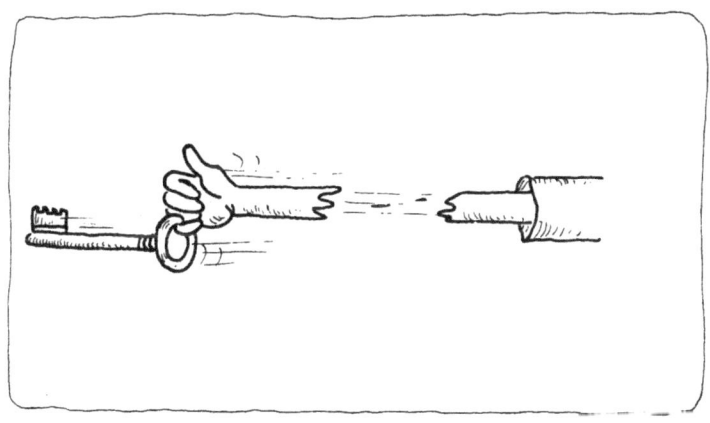

31

Während Tagesschlüssel sich optisch orientieren,
Verlassen sich Nachtschlüssel auf ihren ausgeprägten Geruchssinn; Meist besitzen sie obendrein auch ein Gehörorgan.

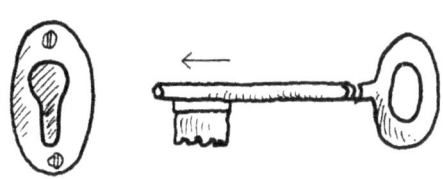

Der bekannte
Schlüsselkopfschwärmer,
der nicht selten als Honigräuber
in Bienenstöcke eindringt,
ist sogar in der Lage,
piepsende Laute von sich zu geben,
wenn er von Menschen
oder Tieren gestört wird.

Auch bei passendem Schlüssel,
ist es nicht immer ratsam,
ein Hintertürchen offen zu halten.

Viele Schlüssel . . .

. . . sind des Hasen Tod

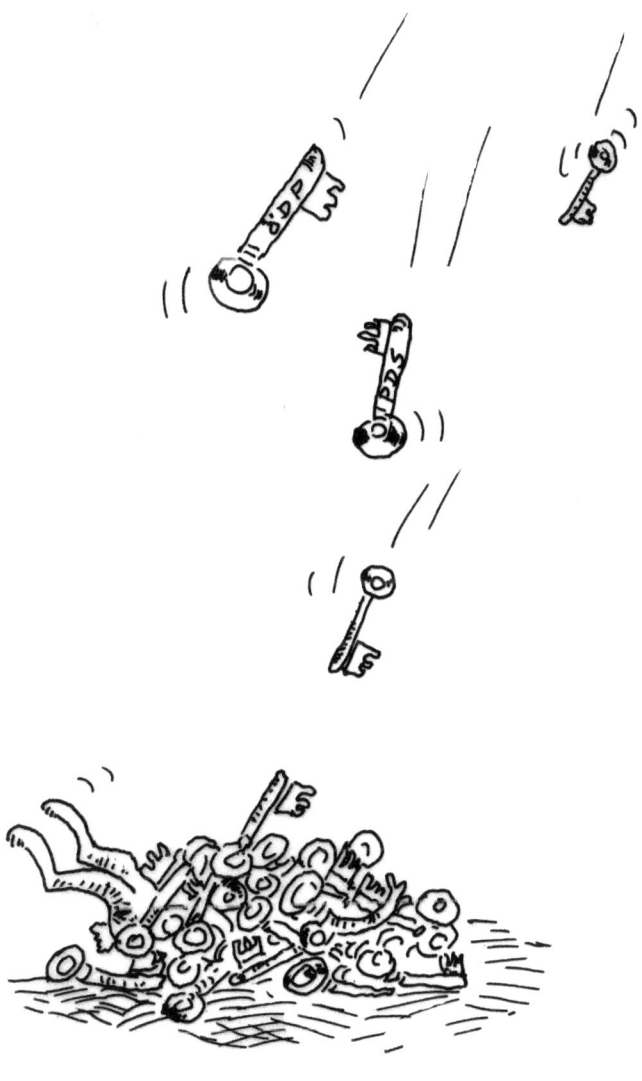

Schlüsselrätsel

Es kommt ein schwarzer Schlüssel
ins Haus mit Besen und ganz heiter.
Er fegt den Russ im Bettchen aus
und eilt zum Nachbarn weiter.

Wie nennt man
diesen schwarzen Schlüssel
mit dem unsichtbaren Rüssel?

Lösung: man nennt ihn Achim

Es war einmal ein Schlüssel,
der hüpfte in jede Schüssel

Schlüsselrätsel:

Es war einmal ein Schlüsselkind,
das schlief rasch ein
und das im Wind.
Und trotzdem brach das Rad ab.

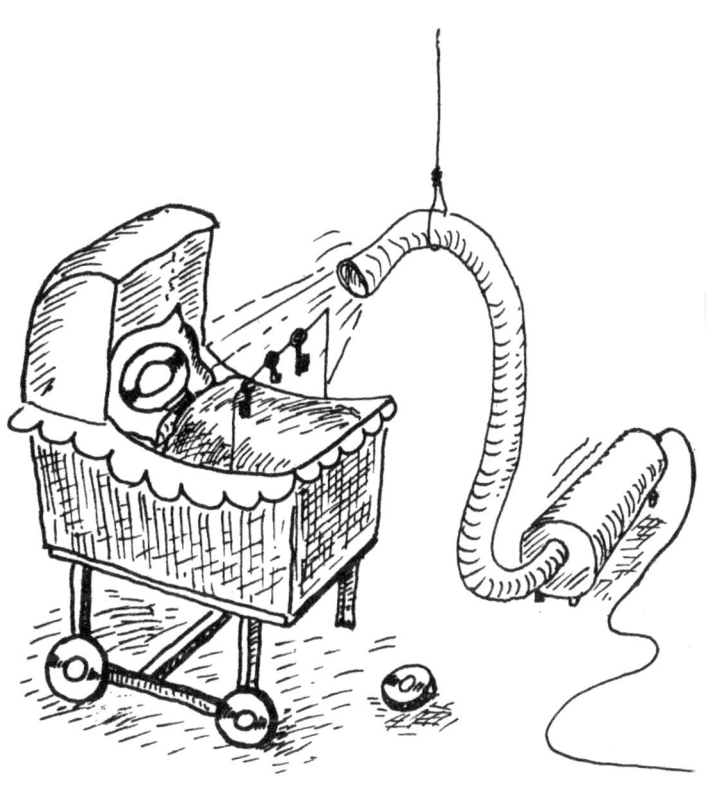

Otto das Schlüsselkind

Mit großen Schlüsseln...
ist nicht gut Kirschen essen

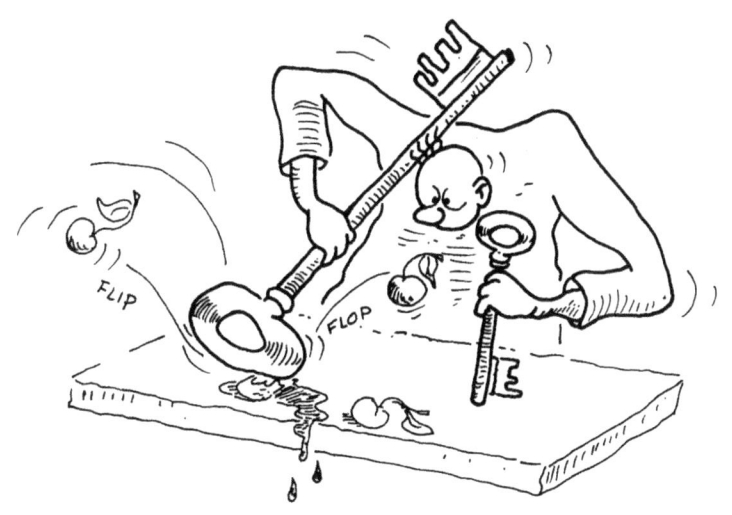

...na ...was trägt
unser Ottochen denn da?

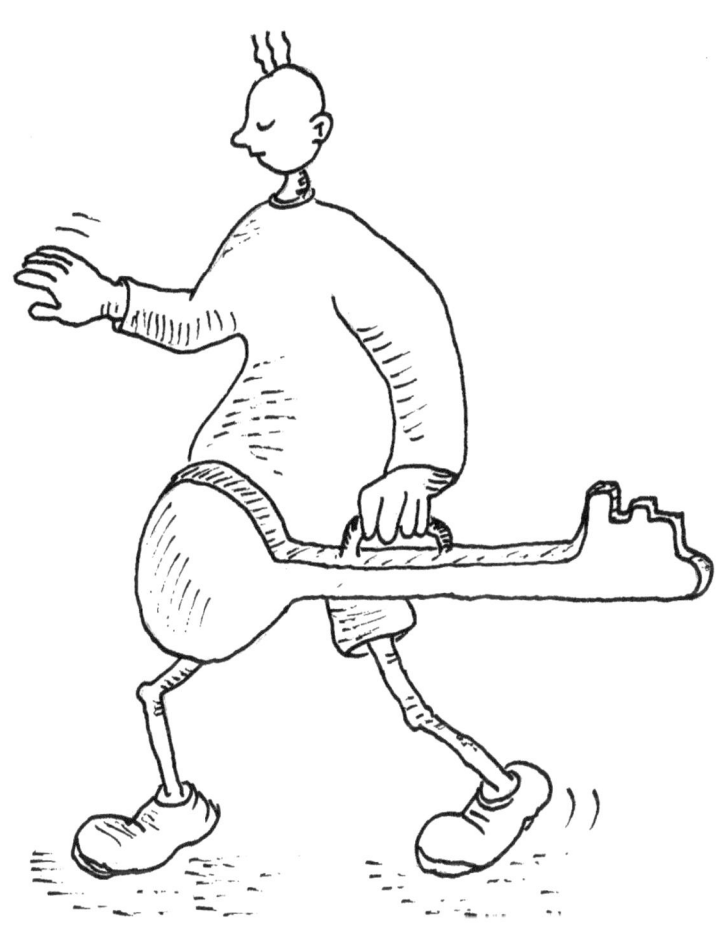

...eine Schlüssellaute (Keyboard) was sonst?

Gestimmt und schlüsselbundrein –
was sonst
Blackdrum zum Anreißen
oder
Whitedrum zum lautlos spielen
oder
Punkdrum zum Ausreißen

Die kleinen Schlüssel hängt man,
die großen lässt man laufen.

Schlüsseluntergang

Schlüsselblume

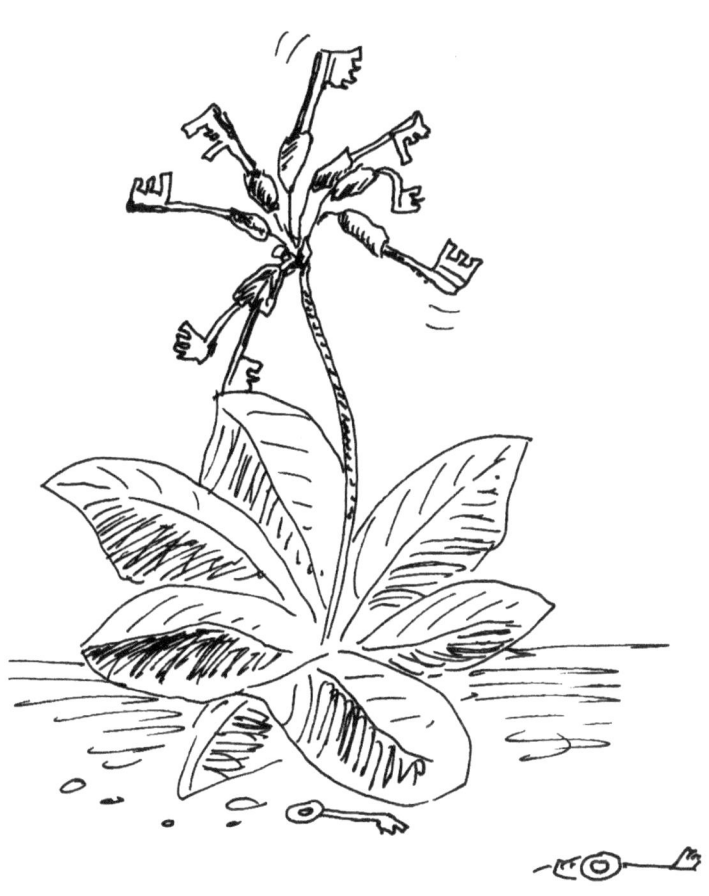

Afghanische Schlüsselblume

Der Hamid backt Schlüssel
mit Nuss und mit Mohn,
und Leute die lieb sind
bekommen davon.

*Gordon Brown

Stetiger Schlüssel
höhlt den Stein

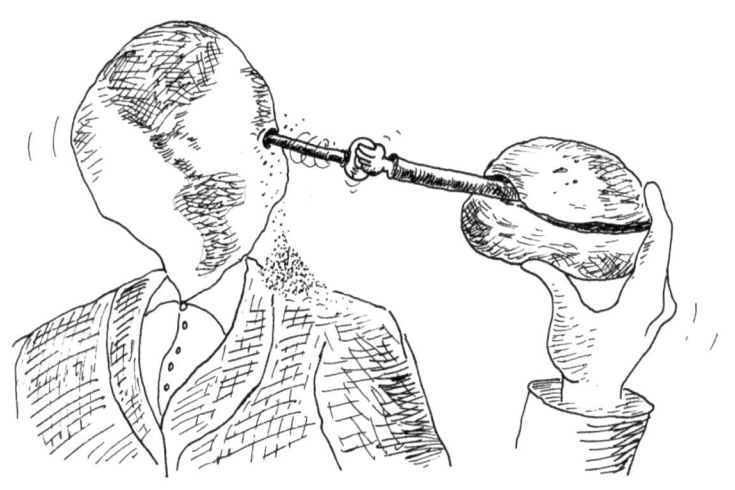

Fliegensuse –
Tochter der Frau Haumichnicht

Suse, kleine Suse,
mach's Äugelein zu.
Mondenschein liegt auf den Bäumen.
Schlüsselchen gingen
schon lange zur Ruh',
sitzen im Nestchen
und träumen.
Schlafe, mein Liebling,
schlaf ein.

Berliner Durchsteckschlüssel.

. . . jetzt neu
auf dem Markt
(2015)

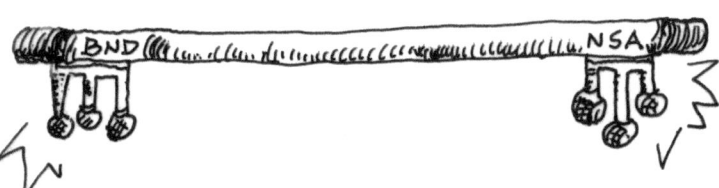

Merke(l): mit Schlüssel fängt man Mäuse.
Aber rostig muss er sein!

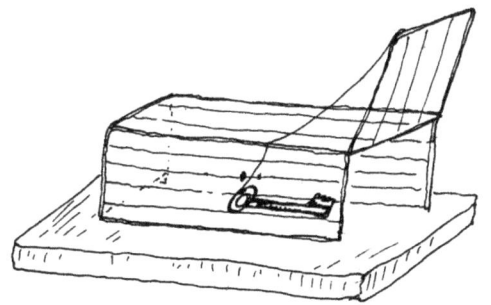

Es war einmal ein Schlüssel, der hatte einen Rüssel

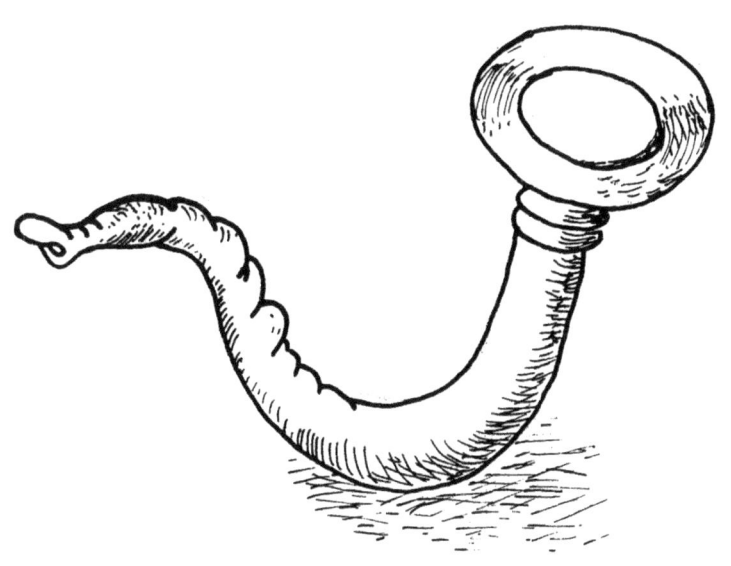

Schlüsselrätsel-
Was fehlt hier?

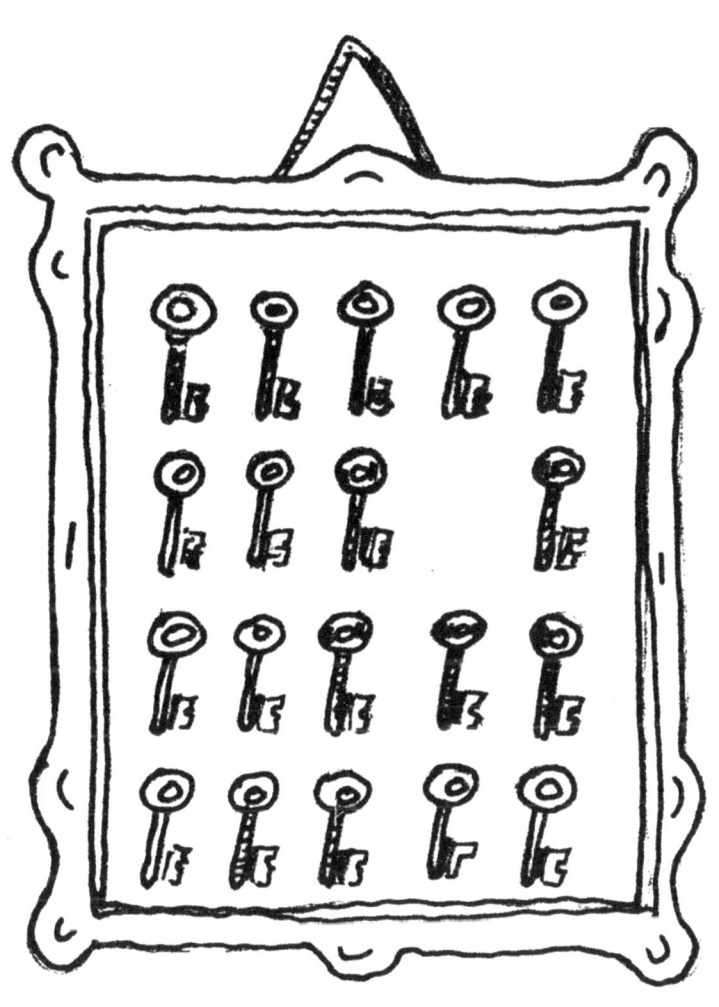

79

Lösung:

Es fehlt der Nagel

1. PREIS

Ein Schlüsselanhänger

Drehschlüssel

83

Ⓛ

Ich frage sie:

②

Warum pfeift mein Kessel?

③

Ich weiß es

④

Es war einmal ein alter Schlüssel . . .

⑤

der, als er noch klein war,
versehentlich in

⑥

meinen Kessel fiel . . .

⑦

er wuchs heran und wurde zu dick,
um den Kessel je wieder zu verlassen

⑧

folglich verbringt er
sein ganzes Leben darin.

85

Da sitzt du ja wieder
vorm Häuschen, Schlüssel,
und pfeifst deine Lieder
wie voriges Jahr.

Die Töne,
die trillern ins Land hinein,
der Rost,
der schillert im Sonnenschein.
Nun sammle dir Hälmchen
zum weichen Nest.
Willkommen, du Schelmchen,
zum Frühlingsfest!

Schlüsselrätsel

Was ruft
der Scherenschnitt zum Schlüssel?

(Lösung: gib mir meinen Rüssel du Düssel)

Es war einmal ein Schlüssel,
der liebte eine Schüssel…

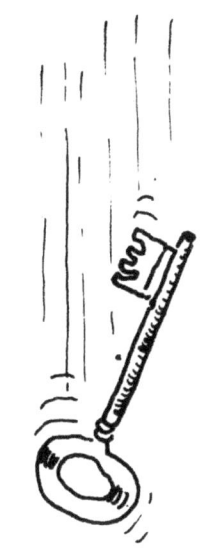

... es WAR! EINMAL 'ne Schüssel,
die liebte einen Schlüssel.

Wer im Glashaus sitzt –

Soll nicht
mit rostigen Schlüsseln werfen.

Der Schlüssel
der Frau Haumichnicht

Wer hat hier die Milch genascht?
Hätt' ich doch den Dieb erhascht!
Schlüssel, warst denn du es gar?
Schlüssel, komm doch! Ei fürwahr,
einen weißen Bart hast du?
Sag mir doch, wie geht das zu?

Nichts zu Fressen, nichts zu Saufen, aber ständig Schlüssel rauchen

. . . was sagt ein
Zi-Schlüssel aus Zehlendorf
zum einfachen Buntbartschlüssel
aus Kreuzberg?

Ein Schlüssel in der Suppe . . .

ein Schlüssel im Glas Wasser . . .

... es geht auch krasser

Es fuhr ein Schlüssel
mit Pauken und Trompeten,
bei Nacht und Nebel
mit Vincent van Gogh
und verschwand kurz vor Berlin
mit Van Gogh ins Schlüsselloch

107

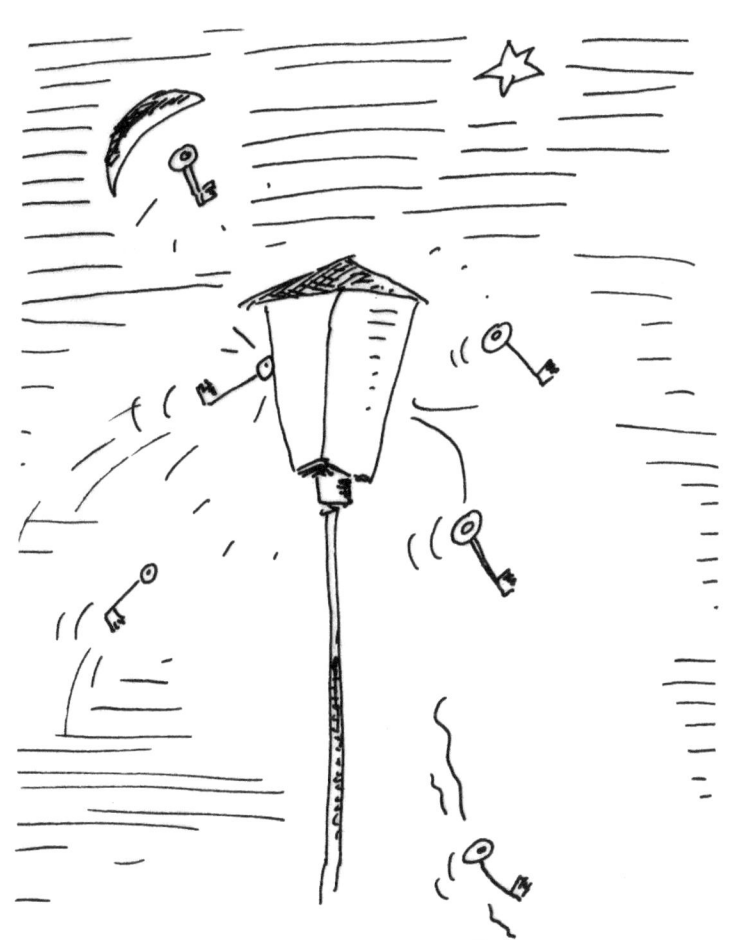

Das ist Helmut.

Helmut hat seinen
Schlüsselanhänger verloren

Helmut sucht tagelang
im grünen Gras
nach seinem Schlüsselanhänger

nun endlich – am dritten Tag
findet Helmut
seinen Schlüsselanhänger

Früh lässt sich
einen Bart wachsen ...

. . . wer ein
Schlüssel werden will.

Feld der Schlüssel

121

124

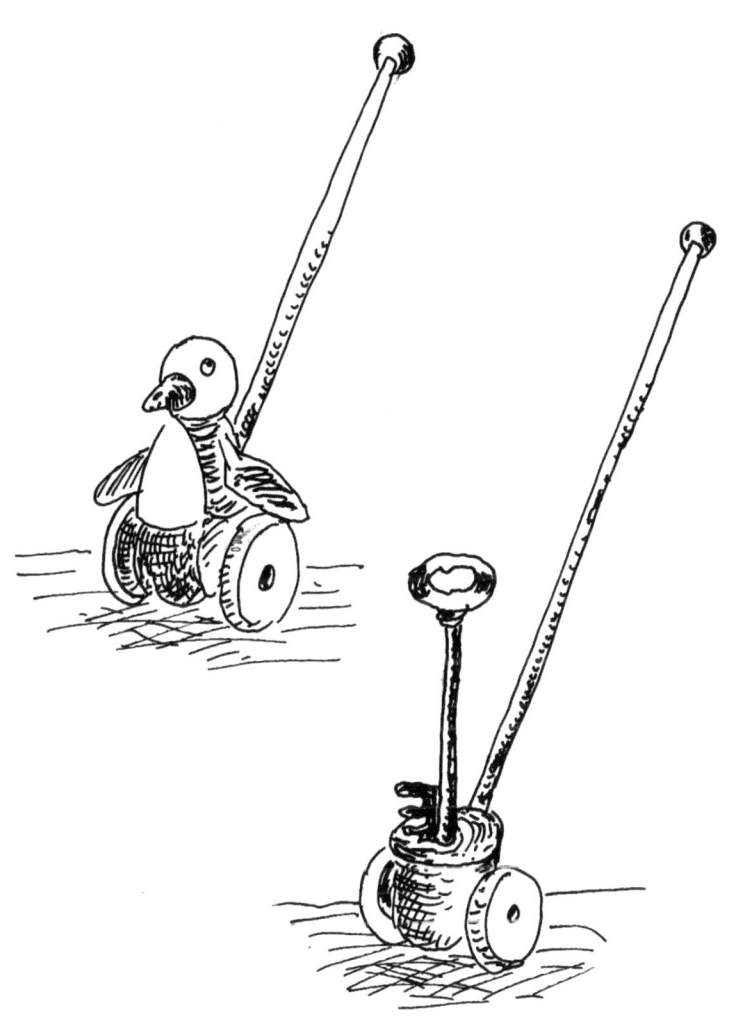

Schlüsselsabbath

Arsch mit Ohren

Arsch mit Schlüssel

Es kommt ein Schlüssel,
rostig und ganz heiter

schreit kurz auf

und läuft dann
munter weiter

Armer Schlüssel
bist du krank,
dass du
nicht mehr schließen kannst

135

Der Urschlüssel

Ca. 1.000 000 Jahre
vor Schlüsselgeburt

Diätschlüssel

Fahrradschlüssel

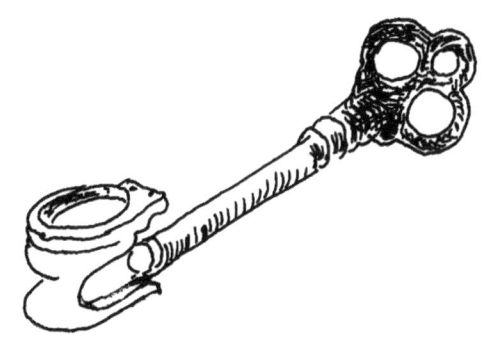

Bidetschlüssel

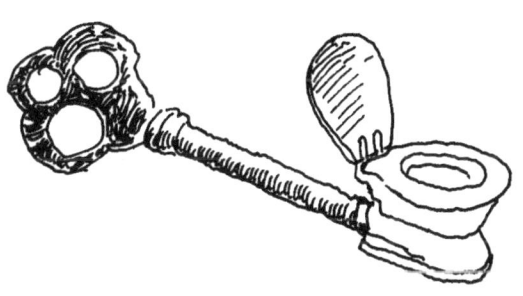

Toilettenschlüssel

143

Schmelzender Schlüssel

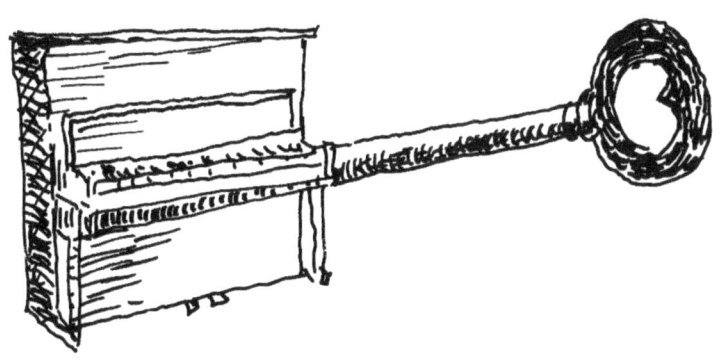

Mein kleiner Klavierschlüssel

Langer Schlüssel, kurzer Verstand

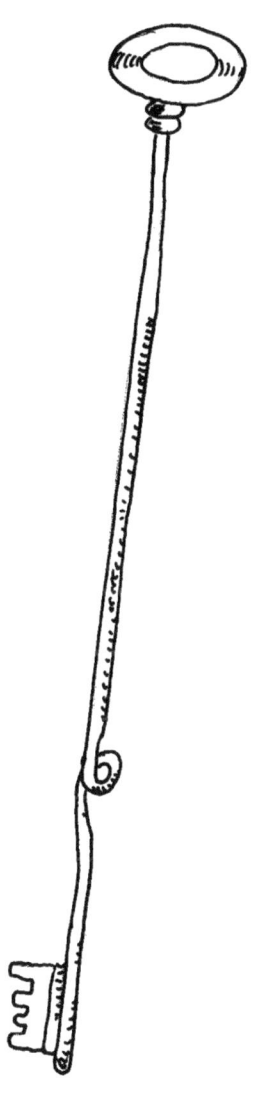

149

Damals 1950 . . .

153

Heute 2015

Schlüsselloch

Wir sind die ersten im Garten,
wollen auf die andern warten.
Noch kahl ist Baum und Strauch.
Ach liebe Sonne,
scheine herunter auf uns,
Es frieren uns die Füßchen
und Kopf und Bärtchen auch.

Es ist nicht alles Schlüssel was glänzt!

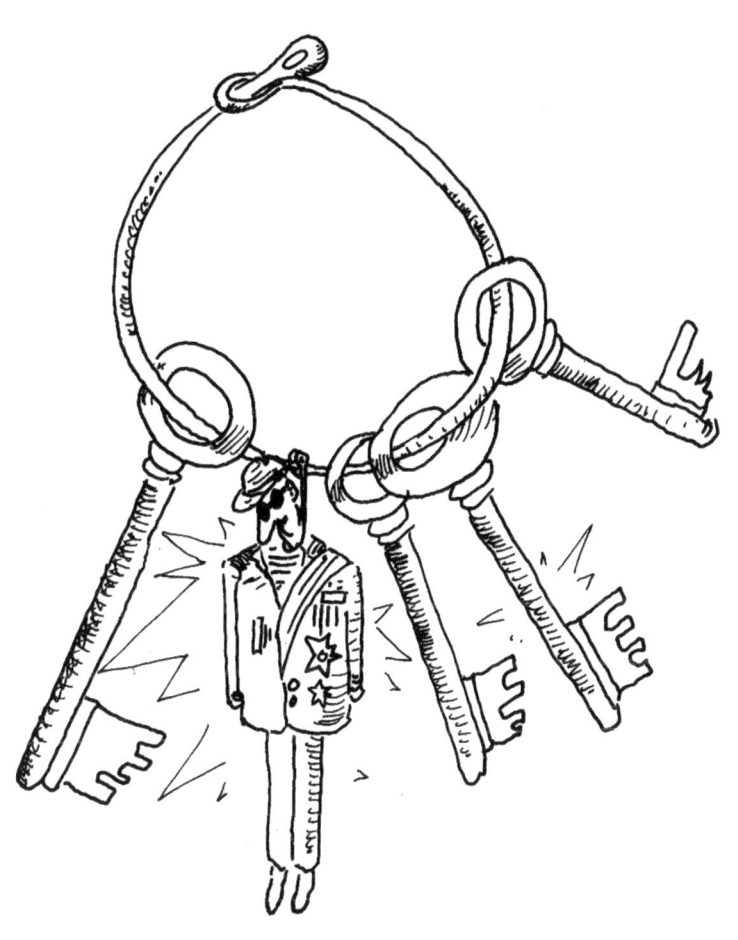

Ende gut – alles gut?

Nein:
Ende Schlüssel – alles Schlüssel

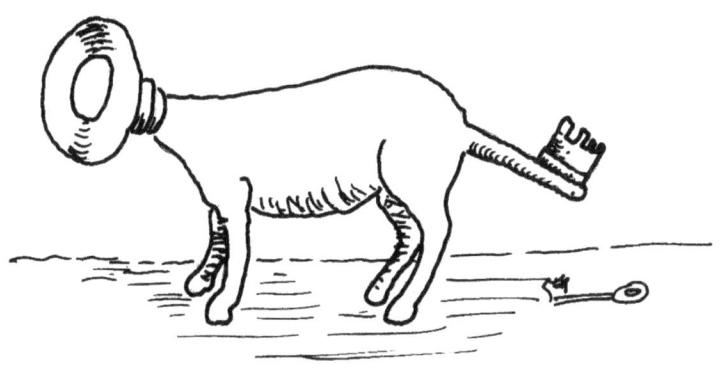

Jeder ist sich selbst der Schlüssel

oder:
ich schaue in den Spiegel
und sehe meine Mutter

Schlüsselbombe

Ich will meinen
Schlüssel wieder haben!

169

Was machen sie denn da?

Ich bitte um Ruhe
Ich beobachte
einen Schlüssel im Busch

Ist er klein?

Keineswegs!
Er ist viermal so groß
wie der Busch

Kniffelschlüssel

Schloss und Reiter

hüpfen über Wurst
und Leiter

das ist brav,
macht so weiter

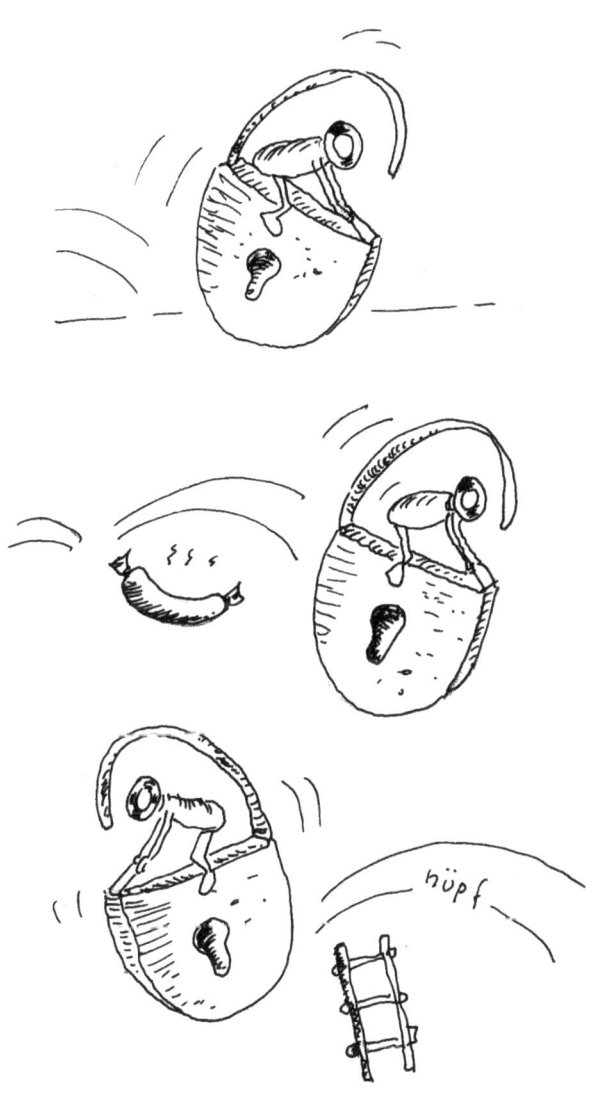

hüpf

175

Flugzeuge im Bauch
von Herbert Grönemeyer?

Nein:
Schlüssel im Bauch
von Ralph Billmann

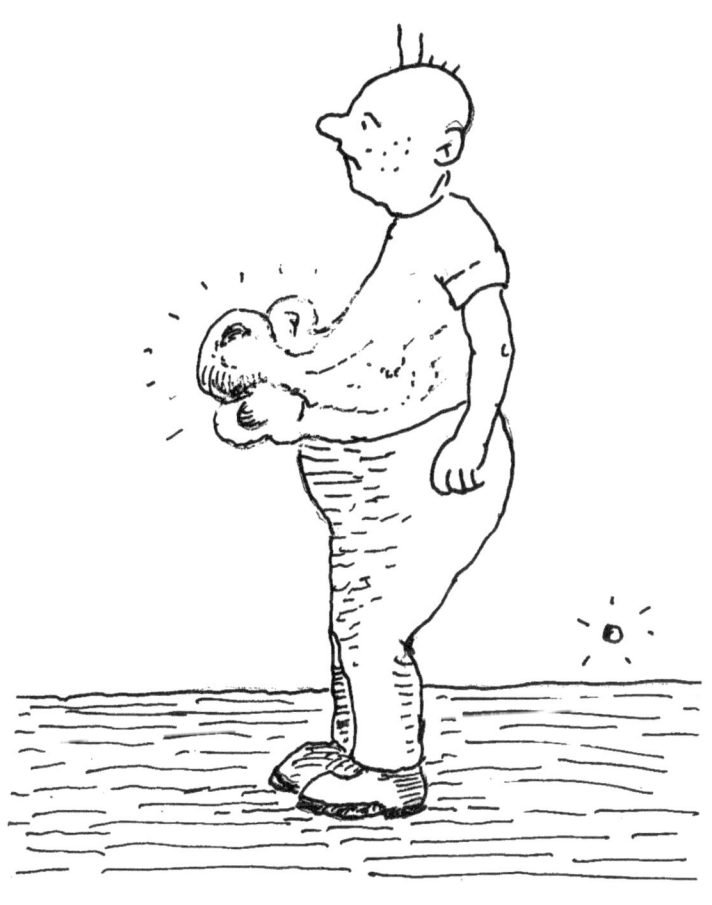

Spiel mir das Lied
vom Schlüssel

Scherenschnitt mit Schüssel

Berliner Schließmusikanten

181

Morgenstund hat
Schlüssel im Mund

Ich sitze hier im Eierbecher,
ohne Schloss und ohne Schlüssel,
hab' dafür große Ohren
und diesen Rüssel.
Alle sagen:" Was für'n Düssel,
der da sitzt als Ei im Becher,
ohne Schloss und ohne Schlüssel

187

Schlüssel ziemlich unsichtbar

Schlagende Schlüssel

Schlüsseldienst

Es schlüsselt! Es schlüsselt!

In dichtem Fall
stürzen die Schlüsselchen überall.
Was nur draußen geht und steht,
kriegt ein Schlüssel aufgeweht.
Guck, da kommt der Rolf nach Haus.
Wie ein Schlüssel sieht der aus!
Nicht so dicht ans Fenster ran,
sonst schlägt der Schlüssel
dir das Köpfchen an!

Soll euch einer
nun mal zeigen,
wie die Schlüsselchen so steigen?
Schaut nur alle Otto an,
weil er es am besten kann.

Pustefix

Schlüsselfix

199

Helmut und Ali

Schlüssel rolle rolle,
kriegst aus weißer Wolle
einen weißen Mantel an,
Schlösser sind als Knöpfe dran

Old McSchlüssel had a Farm
I-A-I-A-O
und on his farm
he had some Schlüssel,
I-A-I-A-O

Er lebte zwei Jahre in Berlin…

. . . dann ging er zum Bund

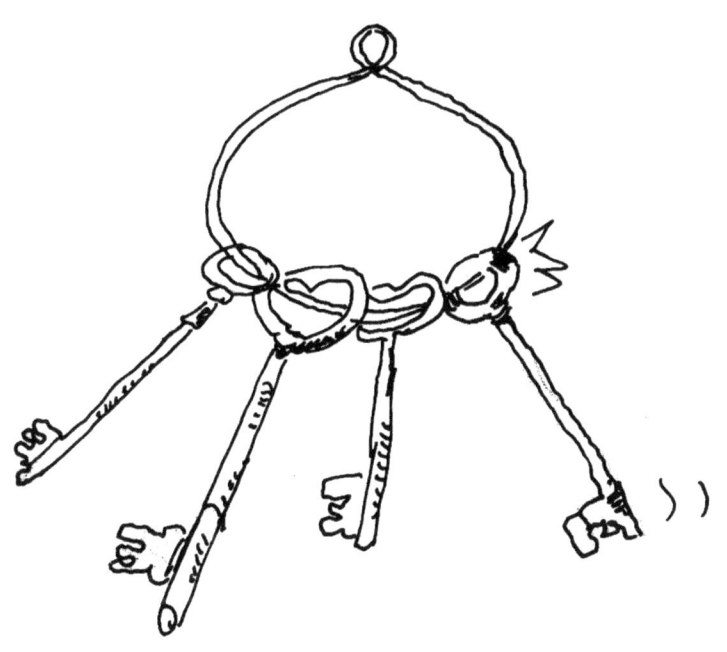

Schlüssel aus Portugal

Schlüsselburger
mit Senf und Rost

... aus Wilhelm Tell

von Friedrich Schiller

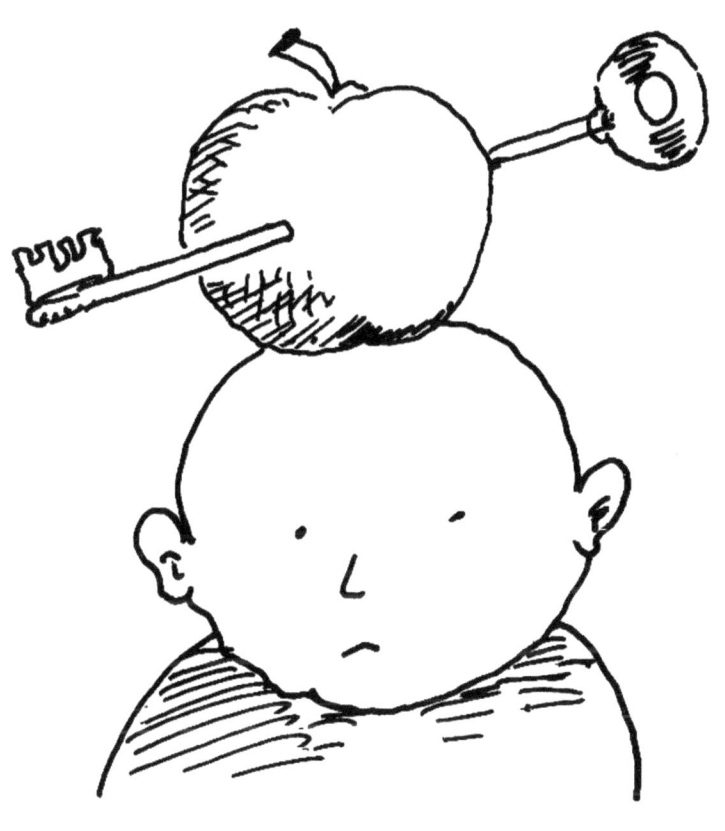

Hammerfisch

Schlüsselfisch

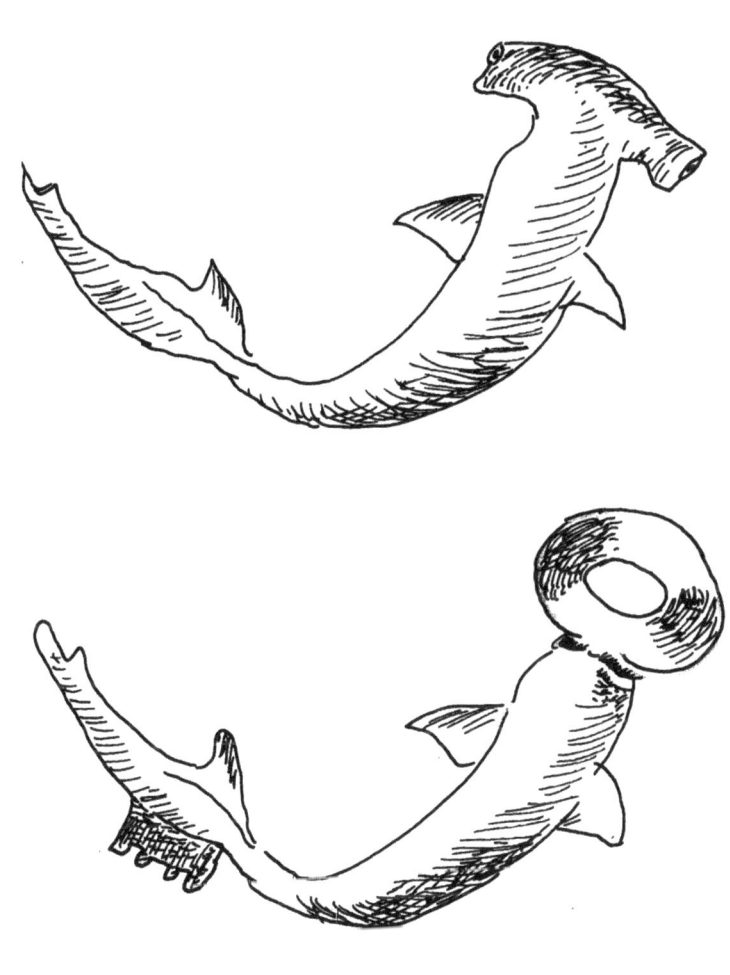

217

Vögel,
die nicht singen,
Schlüssel,
die nicht klingen,
Schweine,
die nicht lachen,
was sind das für Sachen!

Es war einmal ein Schlüssel,
der hatte einen Rüssel.
Der Rüssel stand ihm gut,
drum nahm er sich ein' Hut.
Nun komm' ich
mit meinem Knüppelchen,
rief da nun das
Rüsselbullenschlüsselchen!

Wer die Entwicklung
der letzten Jahrzehnte
verfolgt hat,
für den muss es interessant sein
zu beobachten, dass sich
nach dem 2.Weltkrieg
der Schlüssel im Klo - der doch
ideologisch neben dem Papier
an der Reihe war,
nur zögernd durchsetzte.

223

Hausmannskost
Schlüssel im Darm überbacken.

Da beißt die Maus kein Faden ab

Marionettenschlüssel

Oder Schlüsselmarionette

Silvios
Marionetten-Schlüsseltheater

229

Der alte rostige Schlüssel und das Meer

231

Lieber den Schlüssel in der Hand, als die Zecke auf dem Dach

233

Der Rolf macht viel Gefiepe mit Spaghetti in der Kiepe

235

Rolf hat aber keine Bolognese,
da macht der Rolf
mit dem Wolf
kein langes Gewese
und dreht
aus rostigen Schlüsseln,
'ne tolle Schlüsselnese

Es führen viele Wege
in die Schlüssel,
aber keiner heraus.

Teufelsschlüssel

Krokoschlüssel

Bullenschlüssel

Schlüsselpuppenspieler

241

Tropfen auf'm heißen Stein

Schlüssel auf'm heißen Stein

Liebe gute Schlüssellaus,
unser Tier bist Du.
Bitte, geh in jedes Haus,
lass auch nicht das ärmste aus,
nicht den kleinsten Schuh!

247

Backe, backe Schlüssel,
mein Bäcker hat 'n Rüssel

249

Sauber wie ein Kätzchen,
frech wie ein Spätzchen,
weich wie ein Rüssel
– ja, –
so mag ich meinen Schlüssel

. . . Ich bin Schlüssel

und das ist auch gut so

255

 Ralph Billmann wurde in Berlin geboren.

Er ist Zeichner, Maler, Jazzmusiker, Karikaturist, Illustrator und Kinderbuchautor.

Ausbildungen:
Fräser, Dekorateur, Taxifahrer und Briefzusteller, Studium der Architektur und Bauwirtschaft.

Er ist seit 1978 tätig als Architekt und Bauingenieur. Veröffentlichungen von bisher acht Kinderbüchern und mehr als einem Dutzend Musikeinspielungen.

www.billmannart.com

Weitere Kinderbücher von Ralph Billmann

2 Geschichten von Ralph Billmann mit

MARIE UND JAKKA und ANNA APFELKERN

Marie und ihr Freund Jakka, der Pinguin, finden einen kleinen Mondstein und nach langem Suchen auch das geheimnisvolle Zaubertier, das diesen Stein verloren hat.
Durch das Waldstück einer Stadt soll eine Strasse gebaut werden. Anna Apfelkern,ein winziges Wesen, das auf einer Libelle sitzend, den Tieren des Waldes zu Hilfe eilt, versucht mit einer witzigen Idee, den Straßenbau zu verhindern.

2 Geschichten von Ralph Billmann mit

ZEBRA ZEBRASTREIFEN und WILHELM DEM VOGEL

Ein Zebrastreifen will nicht länger Überfahren werden. Er steht auf und sucht den Zirkus.
Die Geschichte des träumenden Vogels Wilhelm, der eines Tages seinen Traum verwirklicht und zum Mond fliegt.

2 Geschichten von Ralph Billmann mit

LENA, JOHANNA, PAULA, TOTO-LOTTO UND KUNIGUNDE, und **FRANZ DEM MISTKÄFER**

Fünf Nachtgespenster, die Lena erschrecken wollen und sie am Ende zum Sauerkleetortenessen bei ihrer Gruseloma einladen.
Die Geschichte vom kleinen Franz, der sich einsam fühlt
und auf der Suche nach einem Freund die verschiedensten Abenteuer erlebt.

2 Geschichten von Ralph Billmann mit

SEBASTIAN SILBERHUT und **KALLI SCHEUCHEVOGEL**

Nachdem Sebastian Silberhut, ein ausgeschnittenes Papiermännchen, durch einen Windstoß aus dem Fenster geweht wurde, begann sein abenteuerliches Leben.
Kalli Scheuchevogel, eine gewöhnliche Vogelscheuche, die ungewöhnliche Abenteuer erlebt.